GUERRE DE 1870

L'INVASION ALLEMANDE

A

CHARMES-SUR-MOSELLE

(VOSGES)

Par Jules RENAULD

ANCIEN JUGE DE PAIX DU CANTON DE CHARMES

NANCY

Lucien WIENER, Éditeur

53, rue des Dominicains, 53

GUERRE DE 1870

—

L'INVASION ALLEMANDE A CHARMES-SUR-MOSELLE

(VOSGES)

(Note neuvième et dernière — pages 8 et 125 (1).

Noble pays, trop tard de ton rêve éveillé,
Tes villes par le sang et par le vin rougies,
Gardent encore la trace et l'odeur des orgies...
Ce qu'ils n'ont pas détruit, ces gloutons l'ont souillé.

Au grand art du pillage appliquant la science,
Ils ont rongé ta moëlle et pompé ta substance :
Ils se disent soldats, mais ce sont des voleurs.

FOURNEL.

En retraçant l'histoire de Charmes-sur-Moselle, au commencement de l'année 1870, nous aimions à constater que l'aspect de cette ville annonçait le calme et l'aisance ; mais quelques semaines après que ces lignes étaient écrites, un voile de deuil et de fumée couvrait la petite cité vosgienne.

(1) Cette note doit être placée à la fin de l'appendice après la page 242 du livre intitulé : *Charmes-sur-Moselle au XVIIe siècle*, un vol. grand in-8° orné de cinq planches, — *ouvrage couronné par la Société d'Emulation des Vosges.* — Chez Lucien Wiener, libraire à Nancy.

Sans rappeler comment la France, au milieu d'une prospérité apparente, a été engagée dans un guerre insensée dont elle ne devait sortir qu'après avoir été ravagée, ruinée et mutilée, nous constaterons brièvement, par des dates, les événements douloureux dont Charmes a été le théâtre au début de l'invasion allemande, alors que Guillaume avait fait afficher sur nos murs : « qu'il faisait la guerre à la dynastie des Bonaparte et non pas à la Nation Française, qui devait compter sur les plus grands ménagements. »

(Proclamation affichée le 15 août 1870 sur les murs de Nancy, *Annuaire de Meurthe-et-Moselle* 1871-1872, pages 25 et 26).

Ces souvenirs appartiennent désormais à l'histoire, s'ils sont amers, qu'ils restent du moins comme un sujet de honte pour ces rapaces et prudents vainqueurs !

Dans une ville ouverte, au milieu d'une population désarmée et inoffensive, ils ont pratiqué le vol, le pillage, l'incendie et l'assassinat. Passés maitres dans l'usage du pétrole et le système des ôtages, ils se sont livrés à des actes d'une cruauté froide et lucrative dont l'histoire moderne n'offre pas d'exemple !

---

6 *Août* 1870. — La guerre vient d'être déclarée, les transports de troupes encombrent les trains attardés du chemin de fer. Un orage a interrompu les communications électriques, et vers cinq heures du soir le train descendant de Châtel vient heurter près de Langley le train parti de

Charmes. Au nombre de onze, dont trois sont morts depuis, les blessés reçoivent les premiers soins dans des maisons particulières de la ville.

15 Août. — Deux uhlans se présentent à la mairie à huit heures du soir; ils somment le maire de les suivre près de leur chef. M. Mariotte père, premier adjoint, accompagné des docteurs Cosserat et Mathieu se rendent au bout du pont. Là un officier prussien exige d'eux l'assurance que le pont n'est pas miné, puis les obligeant à marcher devant lui, il s'avance suivi d'un détachement de cavaliers et traverse la ville, sans autre incident, en se dirigeant vers Socourt.

16, 17 et 18 Août. — Le lendemain de cette reconnaissance, un escadron de soixante cavaliers se met en ligne sur la place de l'hôtel-de-ville; pendant ce temps deux officiers se rendent chez les comptables des deniers publics et font enlever le tabac et les cigares trouvés dans les bureaux de tabac de la régie; des réquisitions importantes en pain, viande sur pied et fourrages sont imposées à la ville sous menace de pillage, et toutes ces prestations réunies aux halles et à la mairie sont enlevées dans la nuit du 17 août. Le 18 au matin, un corps de six mille hommes de cavalerie et des batteries d'artillerie arrivent par les routes de Saint-Germain et de Rambervillers; trois mille ne font que passer et se dirigent sur Mirecourt; huit cents hommes sont logés à Charmes chez les habitants, le surplus se répand dans les communes environnantes et le 19 à 7 heures du matin ces troupes effectuent leur départ, en prenant la route de Mirecourt.

Tout le mois de septembre se passa dans l'attente des événements ; on se communiquait des nouvelles souvent contradictoires et toujours trompeuses qui permettaient encore quelques espérances, quelques illusions. Un petit corps de gardes-nationaux fut organisé, mais on ne tarda pas à comprendre que toute résistance opposée par quelques hommes mal armés, étrangers pour la plupart au métier de la guerre serait sans utilité pour le pays et attirerait sur la ville de terribles représailles.

12-14, 17 et 20 Octobre 1870. — Quelques gardes mobiles restés à Charmes venaient de se retirer sur Mirecourt où on avait expédié les anciens fusils des gardes-nationaux, lorsque cinq cents Prussiens, précédés par un détachement de cavalerie, entrèrent dans Charmes le 12 octobre à 4 heures du soir par la route de Nancy. Ces troupes s'installèrent sans billets de logement chez les habitants des rues principales ; des postes d'observation furent établis immédiatement ; l'issue de toutes les rues et ruelles fut gardée et des patrouilles constamment en mouvement firent des rondes de jour et de nuit. Le lendemain la population fut invitée, à son de caisse, à faire, sous peine de cinq cents francs d'amende, le dépôt à la mairie des armes de guerre et de chasse ; les attroupements de trois personnes étaient prohibés et déjà la poste prussienne s'installait et organisait le service du télégraphe pour les communications de l'ennemi.

Au milieu de ces précautions, les soldats ne cessaient de répéter d'un air inquiet : *franc tireur ici !* et bien que chacun essayât à son foyer de les dissuader, ils ne mangeaient, qu'avec le fusil entre les jambes et couchaient dans la même chambre, au nombre de quatre hommes dont l'un faisait le guet, ayant une chandelle allumée toute la nuit.

Le 14 Octobre des prisonniers français conduits par une escorte prussienne arrivèrent à Charmes dans la soirée. Un d'eux parvint à s'échapper en se sauvant par la rue du Pont ; des coups de fusil partirent de l'escorte ; ce fut alors le signal d'un déploiement de forces extraordinaire : le rappel est battu, les soldats arrivent en foule et tirent des coups de fusil de tous côtés, les officiers jettent des cris d'alarme ; on donne l'ordre d'ouvrir les volets et d'éclairer toutes les fenêtres. Dans la grand'rue un soldat frappait à coups redoublés contre une boutique fermée; Oscar Mariotte qui se tenait sur la porte de sa pharmacie, traverse la rue et appelle son voisin Arthur Masson, en l'engageant à ouvrir et à éclairer. Aussitôt il reçoit un coup de bayonnette d'un des hommes de la patrouille et comme en se plaignant de cette brutalité, il cherchait à gagner sa demeure, les Prussiens l'empoignent, sur l'ordre de leur chef et l'un d'eux le frappe d'un second coup de bayonnette qui lui perce la poitrine. Repoussé jusqu'à l'angle de l'hôtel de ville où il s'affaissa, il fut traîné sanglant, les genoux déchirés et les vêtements souillés de boue, dans la salle des archives, où il ne tarda pas à expirer. Sa jeune femme n'eût pas même la consolation de le voir une dernière fois. Marié depuis peu, il laissait un enfant de cinq mois.

Dans la rue du Pont, une balle, ayant fait ricochet, atteignit, légèrement, un hussard au poignet. Interrogé par ses chefs il assura, paraît-il, qu'on avait tiré sur lui de l'intérieur d'une maison. Un autre soldat prussien prétendit qu'un coup de feu était parti au bas de la rue Liégeois, de

la maison de Jules Barbier. Ce dernier était atteint de la
goutte et n'avait pas quitté sa femme et son fils ; néan-
moins il est arraché de son domicile et traîné prisonnier
à la mairie ; dans le trajet il est lâchement frappé de plu-
sieurs coups de sabre bien qu'il fût dans l'impossibilité
d'opposer aucune résistance. Près du cadavre de Mariotte se
trouvaient déjà deux autres victimes de la cruauté prussienne, sous prétexte que deux mobiles s'étaient évadés des
halles où ils avaient été déposés, les ennemis avaient ap-
préhendé sans explication deux habitants inoffensifs, Nicolas
Marandel, ancien appariteur et Thiriet menuisier, tous deux
âgés de plus de soixante ans ; enfin le nouveau maire
M. Claude et deux membres du conseil municipal étaient
gardés à vue.

Pour augmenter l'intimidation, les Prussiens, à partir de
minuit, braquèrent un canon sur la place de l'hôtel-de-
ville. D'autres arrestations furent opérées à la naissance du
jour. Ce fut d'abord le percepteur Paul Bailly ; séquestré
avec menace d'être fusillé sur place ; heureusement il put
échapper à ses bourreaux.

Le 15 à 8 heures du matin, Barbier, Marandel, Thiriet
et les autres prisonniers furent emmenés à Nancy et de là
en Prusse. Marandel est mort pendant sa captivité. Barbier
et Thiriet ne sont revenus que depuis le traité de paix. A
dix heures, on publie de nouveau l'ordre de tenir constamment ouvertes toutes les portes, nuit et jour et d'éclairer
toutes les fenêtres jusqu'à neuf heures et demie du soir et
de déposer, sous peine de mille francs d'amende, les armes
de toute espèce.

Dans l'après-midi on bat la générale, les troupes réunies
sur la place doivent assister à la démolition de la maison

Barbier et à l'inhumation d'Oscar Mariotte. Il était interdit aux habitants d'accompagner la victime dont le père et le frère purent seuls suivre le convoi jusqu'au cimetière occupé militairement. Au même moment des forcenés procédaient au pillage et à la démolition de la maison Barbier ; quelques meubles furent distraits pour être vendus au profit des soldats, les autres furent brisés pour servir plus tard d'aliment à l'incendie.

Le dimanche 16, M. Groscolas, agent d'assurances, est arrêté pour être ensuite dirigé sur Nancy, d'où il n'est revenu que le 20 novembre. Le même jour, le maire, M. Claude, MM. Rémoville, Pierret et Royer sequestrés depuis l'avant-veille sont remis en liberté, à la condition qu'on laissera en permanence à l'hôtel de ville un nombre déterminé de conseillers municipaux qui ne pouvaient se rendre chez eux qu'escortés de soldats, l'arme au poing.

Le lundi 17, les habitants sont informés « qu'ils doivent « sur le champ dénoncer et livrer au commandant prussien « les auteurs des (prétendus) coups de feu tirés rue du Pont « et rue Liégeois, sinon que dans une demi-heure, il sera « procédé à l'incendie de cinq maisons ; une amende de « cent mille francs est en outre imposée à la ville et devra « être versée au plus tard, le jeudi 20, entre les mains du « commandant, sous peine de pillage général de toute la « ville. » — A la garantie du paiement de cette rançon MM. Claude maire, Léon Marchal notaire, second adjoint, et Rémoville conseiller municipal, tous trois désignés comme otages, sont consignés à l'hôtel de ville, pour être ensuite emprisonnés à Nancy.

A dix heures du matin tambours et clairons sonnent la générale pour mettre à exécution les menaces d'incendie. Au même instant, le maire, l'adjoint et le conseiller municipal sont placés sur des charrettes, entre deux gendarmes pistolets au poing, et le cortége quitte Charmes suivi de quarante cavaliers.

La maison Barbier pillée la veille était désignée parmi celles qui devaient être livrées aux flammes. Il était plus difficile de prétexter le choix des quatre autres. On savait seulement que l'incendie devait avoir lieu dans la rue du Pont. Les officiers paraissaient signaler certaines maisons du côté gauche; les habitants de ces maisons essayèrent de déménager; puis on se dirigea vers la droite. Les habitations sacrifiées furent celle que l'abbé Fourcault venait de faire réparer pour prendre, sous peu, sa retraite au pays natal et la maison Viot occupée par des gens avancés en âge, notoirement connus pour les plus inoffensifs de la ville. Il en fallait deux autres : on désigna le Casino ou cercle de Charmes et la maison Dieudonné ; ces deux maisons, séparées par une cour, appartenaient au même propriétaire. Le bâtiment du cercle était occupé, au second étage, par une pauvre vieille fille, Marguerite Pierrefite, que M. Dieudonné logeait par charité. — Cette malheureuse est morte de frayeur. Le premier étage que nous avons habité de 1866 à 1869 (page 125) avait été depuis notre départ, transformé par le propriétaire en un dépôt de fleurs et de plantes rares, et l'officier prussien, après avoir parcouru les trois salles principales, daigna verser quelques larmes de crocodile en s'écriant : oh pauvres fleurs, pauvres fleurs ! — Puis on démonta portes, fenêtres et volets pour être déposés au rez-de-chaussée où déjà on avait obligé, à coups de crosse, les voisins et même des enfants, un collégien le jeune Pauly, à amonceler des fagots. Sur le tout le pétrole fut répandu en abondance et l'officier qui présidait à cette triste exécution eut la lâcheté d'exiger une boîte d'allumettes de Madame Dieudonné elle-même, et la jeune mère abîmée de douleur fut contrainte de livrer le feu destiné à incendier la maison qui avait vu naître ses enfants !

La pluie commençait à tomber ; le vent soufflait avec violence et chacun tremblait que la ville entière devint la proie des flammes.

Au lieu de gagner Nancy directement, le triste cortége des otages avait pris la route de Vézelise — il arriva, vers midi, au sommet de la côte de Gripport ; l'officier prussien ordonna une halte, et avec un rire infernal il montra à ses trois victimes la ville de Charmes, du sein de laquelle s'élevaient des tourbillons de flammes et de fumée. On comprend mais on ne décrit pas les tortures morales subies, à ce spectacle, par le maire de Charmes et ses compagnons d'infortune. Quel sort était réservé à leurs mères, leurs femmes, leurs enfants, au milieu du foyer qu'ils avaient sous les yeux ! Depuis longtemps on a écrit des volumes sur les misères de la guerre, mais à quelle époque a-t-on rencontré ce raffinement de cruauté froide, ce génie du mal dont l'agent prussien fut, ce jour, l'exécrable expression (1).

(1) Cet officier prenant la qualification de Juge d'instruction, laisse les plus odieux souvenirs dans nos contrées. C'est lui qui a été chargé de mettre le feu à la maison Franiatte de Flavigny et au malheureux village de Fontenoy.

Le mercredi 19 octobre l'ennemi avait atteint son but : la rançon de cent mille francs fut versée à l'hôtel de la Poste, chez M. Victor François par M. Petit, premier adjoint (1), et les otages furent rendus à la liberté le jeudi 20.

A partir de ce moment la pauvre petite cité reprit son calme ; mais ce fut le calme silencieux de la stupeur interrompu par le bruit du sabre traînant sur le pavé sonore, les cris aigus et rauques des sentinelles qui se relèvent, et par les parades et les fanfares que se donnent les vainqueurs !

———

Et cependant tout n'était pas fini encore. Quelques semaines après ces sombres journées, un système odieux de persécutions fut impitoyablement organisé.

Dès qu'ils prirent l'exploitation du chemin de fer, les officiers prussiens, sous prétexte d'assurer les transports dans un pays dont ils étaient maîtres, trouvèrent original de faire monter, tour à tour, les notabilités de la commune en tête de chaque convoi. L'habitant requis était placé à découvert sur la locomotive même, exposé à toutes les rigueurs de la saison.

Après ses autres deuils, la ville de Charmes pleure, aujourd'hui, son ancien maire, M. Charles Luxer, mort à la suite d'un de ces voyages homicides.

(1) Le montant total des déprédations commises par les Prussiens dans le canton de Charmes s'élève à 441,302 fr. 57 c. (Document officiel. — *Journal de la Meurthe*, 1er juin 1872.)

NOTES SUPPLÉMENTAIRES.

Pages 98 : « Epargnées par le temps et réunies par le hasard ».

Du XIIIᵉ au XIVᵉ siècles, on rencontre fréquemment, sur les murs des églises, des scènes semblables à celles des vitraux de Charmes ; c'est la reproduction d'un poëme désigné sous le nom de *Lai des trois morts et des trois vifs*. (*Rudiment d'archéologie* par M. de Caumont, page 402, peinture murale.)

Page 157, 2ᵉ note de renvoi.

Un manuscrit conservé à la Bibliothèque publique de Nancy, provenant de la collection lorraine de M. Noël (n° 332 de son *Catalogue raisonné*) constate que le bailliage de Vosges a tenu ses assises à Charmes, notamment le 1ᵉʳ mai 1606. Un certain nombre de seigneurs, appelés à siéger, avaient fait défaut. Les magistrats présents, au nombre desquels se trouvent Antoine de Lenoncourt, Charles de Lignéville, de Ludres comte d'Afrique, les seigneurs de Savigny et d'Ourches, requièrent le bailly Jean de Marcossy, de décider qu'une amende sera imposée aux juges défaillants.

Page 181, note 1ʳᵉ.

Le vieux mot *Musel* vient du mot latin *Macellum*, halle, marché, en grec μάκελλον, enceinte, clôture.

Nancy. — Imprimerie G. CRÉPIN-LEBLOND

Grande-Rue (Ville-Vieille), 14